中国文化
知识读本

ZHONGGUO WENHUA ZHISHI DUBEN

金开诚◎主编

罗沛波◎编著

吉林出版集团有限责任公司
吉林文史出版社

同里

图书在版编目（CIP）数据

同里 / 罗沛波编著 .—长春：吉林出版集团有限
责任公司：吉林文史出版社，2009.12（2022.1 重印）
（中国文化知识读本）
ISBN 978-7-5463-1948-3

Ⅰ . ①同… Ⅱ . ①罗… Ⅲ . ①乡镇－概况－苏州市
Ⅳ . ① K925.33

中国版本图书馆 CIP 数据核字（2009）第 236904 号

同里

TONGLI

主编/ 金开诚 编著/罗沛波

项目负责/崔博华 责任编辑/曹恒 崔博华

责任校对/刘姝君 装帧设计/曹恒

出版发行/吉林文史出版社 吉林出版集团有限责任公司

地址/长春市人民大街4646号 邮编/130021

电话/0431-86037503 传真/0431-86037589

印刷/三河市金兆印刷装订有限公司

版次/2009 年 12 月第 1 版 2022 年 1 月第 4 次印刷

开本/650mm×960mm 1/16

印张/8 字数/30千

书号/ISBN 978-7-5463-1948-3

定价/34.80元

【目录】

一 概况及文化

太湖风光

（一）概况

同里建镇于北宋年间，至今已有 1000 多年的历史。同里，最初名为"富土"。唐代初年，因"富土"两字太显贵气、过于招摇，故改为"铜里"。北宋，又将旧名"富土"两字相叠，拆字为"同里"。此名一直沿用至今。

同里古镇于 1986 年对外开放，1995 年被江苏省政府列为省首批历史文化名镇，现在享有"国家 AAAA 级旅游风景区""中国十大历史文化名镇""中国十大魅力名镇""全国首批 20 个国家重点公园""中国十大影视基地""国家卫生镇""中国最佳规划城市"等多项国家级荣誉称号。其核心景区退思园是全国文保单位，并被列入"世界文化遗产名录"。同里因此成为江南水乡古镇中唯一的世界文化遗产所在地。

同里小镇，得天独厚，民俗淳朴，环境优雅，水田肥沃，物产丰富，人杰地灵，四周五湖（同里、九里、叶泽、南星、庞山）环抱，因此赢得"东方小威尼斯"之美誉。镇内的 15 条河流纵横交错，将古镇划为 7 个小岛，而各个岛屿又被镇内历代所建的小桥串联起来，形成了"五湖环抱于外，一镇包含于中"的奇特风景。因水、因桥，

太湖风光

同里一景

　　小船成了古镇人重要的交通工具，因此又有了"家家临水，户户通舟，纯正水乡，旧时江南"的水乡风情。

　　同里的主要特色可概括为"三多"。一是明清古建筑多。据镇志记载，1271—1911 年，镇上先后建成宅院 38 处，寺、观、庙宇 47 座。现有绅士富豪住宅和名人故居数百处之多，如崇本堂、嘉荫堂、

同里临水民居

陈去病故居等。二是名人志士多。同里曾是文人雅士、达官贵人的集居之地。同里的先人崇尚习文弄墨，所以学有所成的人比比皆是。自宋淳祐四年至清末，先后出过状元1人、进士42人、文武举人93人。南宋诗人叶茵是同里最早的名人之一。三是水乡小桥多。行在同里古镇，放眼是水（河），举足是桥。历代所建造型各异的

同里石桥随处可见

小桥共 40 余座。其中最有名的当是"三桥"（太平桥、吉利桥和长庆桥）；最小的桥应是坐落在环翠山庄荷花池上的独步桥；最能反映同里人勤奋好学的桥则是普安桥；最富于神话色彩的古桥是富观桥。另有南宋诗人叶茵所建的思本桥、元代的高观桥等。

如今，"千年古镇，世界同里"又逐渐实现由传统的古镇观光游向生态游、水上游、乡村游的转变。北联油菜花节、肖甸湖森林公园的建设发展以及其他配套设施的完善将打开同里旅游的新篇章。

同里具有代表性的桥梁

（二）文化

同里历史悠久，文化底蕴深厚。同里人世代勤奋苦读，知书达理。同里教育发达，人文荟萃。根据史料记载，同里于北宋年间建镇，至今已有 1000 多年的历史。古代著名同里人有南宋诗人叶茵、明代画家王宠、清朝军机大臣沈桂芬、书画家陆廉夫，以及徐纯夫、莫旦、邹益、梁时、何源、计成、朱鹤龄、袁龙、陈沂震、黄增康、黄增禄、任预等。近年来，有辛亥革命的著名人士陈去病、著名教育家金松岑、中国民主促进会主席王绍鏊、文学家范烟桥、著名经济学家金国宝。

同里古建筑

另外还有严宝礼、费巩、蓝公武、冯新德、杨天骥、费以复、刘汝醴、沈善炯、冯英子等。倪瓒、顾瑛、韩奕、姚广孝、董其昌、沈德潜等也曾旅居同里。正因为有如此之多的文化名人，才创造出了同里如此厚重的文化。

依水成街、傍水成园，古镇的人文景观也深具水乡特色。自20世纪80年代以来，同里古镇陆续修复并开放了退思园、崇本堂、嘉荫堂、三桥、明清街以及"蓬莱仙境"罗星洲、"珍珠塔"、"松石悟园"、肖甸湖"森林公园"、"古风园"等大小景点共20余处，是领略古镇风情的好去处。此外，一年一度的"同

同里平安客栈

同里一景

同里退思园水香榭

里之春"国际旅游文化节、中国同里"天元杯"围棋赛、"中国同里水乡丽人"评选等活动，极大地提升了同里古镇的旅游知名度。

目前，退思园已被列入世界文化遗产，古镇同里也正申报世界文化遗产。随着宣传力度的加强，古镇被越来越多的人所了解、熟悉。全国各大报纸均以图文并茂的形式介绍同里，影视摄制组也频频取景同里，使得这一天然的摄影棚驰名海内外。中国电影家协会也在此设立了"中国同里影视摄制基地"。

二 历史变迁

同里历史悠久，源远流长

同里，历史悠久，源远流长。据考古挖掘的大量文物的证实，同里的历史可追溯到距今五六千年前的"嵩泽文化"和"良渚文化"。早在新石器时代，就有先民在这里进行耕种、生息繁衍。优越的自然条件及地理环境，使这里成为吴江甚至整个江苏最为富有的地方，故同里最初名为"富土"。

先秦时，同里被划为会稽郡吴县，经济已较为繁荣，出现集市。

汉唐时期，同里经济日益发达，已出现闹市。唐初，因其名太贵气，显得过于招摇，故改名为"铜里"。后梁开平三年（909 年），吴越王钱镠把吴县南部及嘉兴北部划分出来，单独设置为吴江县。此后，同里即隶属于吴江县感化乡。

宋代，将同里最初用名"富土"两字相叠，去掉头上一点，拆分为"同里"，同里由此正式建镇。同时，感化乡被撤，同里改属范隅乡。此名一直沿用至今。

元明时，同里向江苏南部迁移。因镇内三条东西向河流成"川"字形分布，因此又称"同川"。清朝乾隆年间行政区划重新调整，合并部分村、乡。此后，同里镇域得以慢慢扩大。

元明时"易市为村"。元至正十六年（1356年），张士诚其弟士德据吴江，分兵谭道济守屯市东关，控扼秀洲、松江二

同里一景

同里阿庆嫂茶楼

要冲。明嘉靖间居民数百家，铁工过半，后居民稍增，自成市井。明代弘治元年（1488年），屯村属吴江县久咏乡。原居同里镇中、水面数亩的放生河填塞筑屋，"亦成闹市"，称"新填地"。镇域继续向东南扩张。

宣统二年（1910年）推行区域自治，民国元年，同里设市公所。

1980年10月，同里镇、乡合并，实行镇管村体制。

三 地方特色

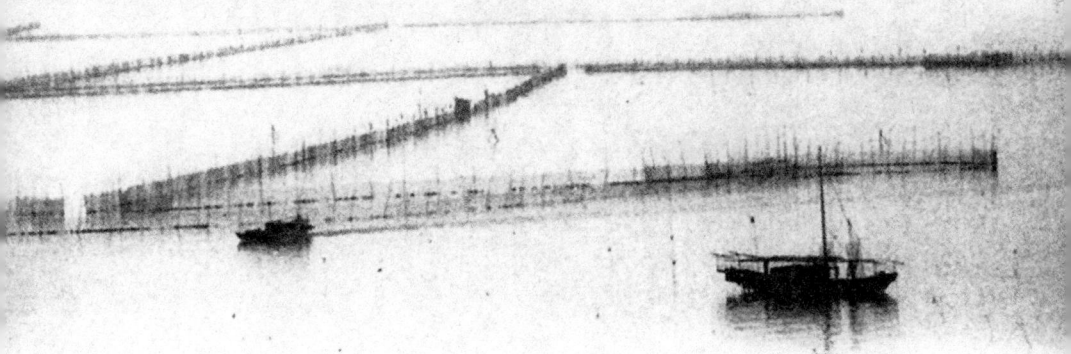

（一）地理条件

同里具有优越的地理条件，水资源相当丰富。陈从周教授曾高度评价了同里的水："同里以水名，无水无同里。"的确如此，同里周边大小湖泊星罗棋布，河港纵横交错、密如蛛网。"五湖环抱于外，一镇包含于中"，整个小镇东临同里湖，南濒叶泽湖、南星湖，西接庞山湖（已围垦），北枕九里湖，西北连吴淞江，东北连通澄湖。镇内被"川"字形的三条市河及其支流纵横分割，形成7个圩。沿岸"屋宇丛密，街巷逶迤"。镇内自成水网，民用水、河、桥比比皆是，形成"水巷小桥多，人家尽枕河""家家临水、户户通舟""柳桥通水市，河港入湖田"的独特风景线，是典型的"小桥、流水、人家"的江南水乡古镇。

因为水多，所以桥多。同里现有历朝历代所建造的桥共40余座。在古镇，最古老的桥是思本桥。它建于南宋，系南宋诗人叶茵所造，距今已有700多年，虽经风雨侵袭，至今仍岿然不动，跨越在川清水秀的河港上。古镇最有名的当属"三桥"（太平桥、吉利桥和长庆桥）。三桥位于镇中心，呈三足鼎立的姿态伫立在三条小河的交汇处。另外，还有元代的高观

同里石桥台阶

桥、富有神话色彩的富观桥、最为小巧的独步桥等等。

（二）风味小吃

同里属江南水乡，气候温和湿润，河港星罗棋布，因此盛产河鲜及各种水生作物。其餐饮文化也具备了典型的江南特色。地道的水乡名菜和特色小吃深受众人喜欢。最有名的是状元蹄、糕里虾仁、三丝鱼卷、香油鳝糊和用白鱼、鲈鱼、鳜鱼、甲鱼等河鲜烹制的水乡名菜。水生植物类的茭白、芹菜、莼菜、菱、藕、慈姑等，都别具地方特色。小吃方面有袜底酥、百果蜜糕、芡宝糕、青团子、闵饼、猪油年

太湖渔船

闵饼

糕、鸡头米、大肉馒头、酒酿饼、麦芽塌饼、小熏鱼等。

1. 闵饼

闵饼又名头饼，为同里颇负盛名的传统糕点，属闵家湾"本堂斋"特产，已有400余年历史。因制作此饼的仅闵氏一家，世代相传，故称"闵饼"，是青团的一种。

闵饼以糯米粉和闵饼草等为原料制成。其制作方法颇有讲究：用石灰水浸泡闵饼草，将其煮熟、捣烂，去筋络，然后同糯米粉混合制成皮。用豆沙、松子仁、核桃仁等做馅，做成月饼大小的饼，再上笼蒸熟即成。其色黛青墨绿，光亮细洁，

芡实糕

入口清香，嚼之甜而不腻，清香滑糯，具有独特的江南农家风味。

明代画家沈周曾赋诗一首赞美闵饼，曰："香剂圆从范，青膏软出蒸。女工虚郑缟，士宴夺唐绫。"清代，闵饼曾被列为朝廷贡品，选送给慈禧太后品尝。

2. 芡实糕

芡实，俗称"鸡头米"。芡实最早见于《神农本草经》，被视为延年益寿的上品，认为其具有"补中、除暑疾、益精气、强志、令耳目聪明"等作用。它还具有"补而不峻""防燥不腻"的特点，可作药膳之用，是秋季进补的首选食物。

产自同里西北荡的芡实，被誉为"水中人参"。芡实糕因配加芡实粉而得名，是同里土特产中的极品。这种糕点口感细腻，极易消化，是一种开胃健脾的传统食品。芡实糕主要有桂花赤豆、薄荷绿豆和芝麻原味等品种，可根据个人喜好选择。

3. 袜底酥

袜底酥是江南一带的传统茶点之一，以其清新松脆、甜中带咸的独特风味而深得人们喜爱。它形如袜底，一层层油酥薄如蝉翼，因此被称为"袜底酥"。相传，袜底酥是南宋民间效仿宫廷茶点制作而成的，至今已有数百年的历史。

袜底酥

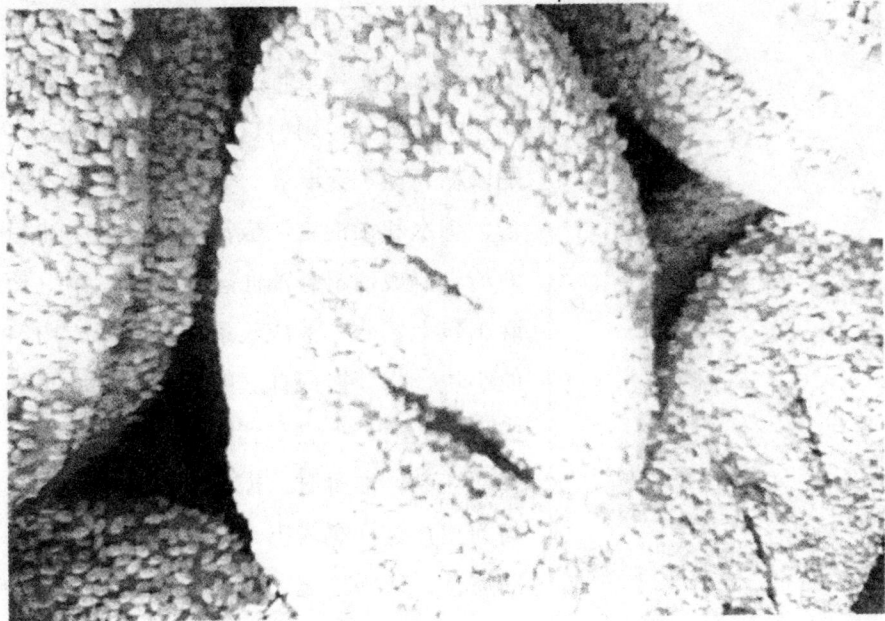

袜底酥

　　袜底酥之所以受人欢迎，不仅在于配料的精选，其制作工艺也是相当考究的。从选料、制坯到烘烤，每一步过程都有严格标准。其制作过程主要包括油面、油酥制作两个部分。用料以面粉和猪油为主，配以糖、盐、芝麻和葱等辅料。首先用面粉、沸水和油混合制成油面，然后用油和面粉合制成油酥。油面裹着油酥，粘上芝麻、包上馅心，滚成长条，再分切成均匀的小块，将其擀成袜底的形状，生坯即可成形。最后，把它拿到饼炉里去烘烤。另外，在制作油酥时，需反复揉搓到配料均匀为止，这样烘烤出来的饼才有薄而透明的质感，口感松脆。

青团子

4. 青团子

相传青团子是用雀麦草汁和糯米一起舂合，使糯米浸入草汁成泥，以此用来包入豆沙，再用芦叶垫底入笼，蒸熟即成。明郎瑛《七修类稿》中曾记载："古人寒食，采杨桐叶，染饭青色以祭，资阳气也。今变而为青白团子，乃此义也。"

这是一种用艾草汁和糯米粉做出来的团子，外表呈翠色，其馅心多为豆沙、枣泥或玫瑰等。由于它的颜色和青草相近，因此人们给它取名为"青团子"。

其制作工艺比较简单。把刚刚摘下来

的艾草洗净、捣烂并打成汁，加入少许石灰一起煮，熟后漂去苦涩味，然后配上糯米粉拌匀，揉搓，把它捏成小小的团坯。最后把它们放入蒸笼蒸熟即可。

清明时节，青团子成为江南一带扫墓用的祭物，以示祖先在世时青青（清清）白白。

5.状元蹄

状元蹄又叫卤猪蹄。相传，明朝方卿因食此菜而高中状元，故为其命名为"状元蹄"。此菜非同里所独有，如"万三蹄"就属昆山周庄的一大特色。但同里"状元蹄"以其"肥肉不腻，瘦肉不柴，色泽油

状元蹄

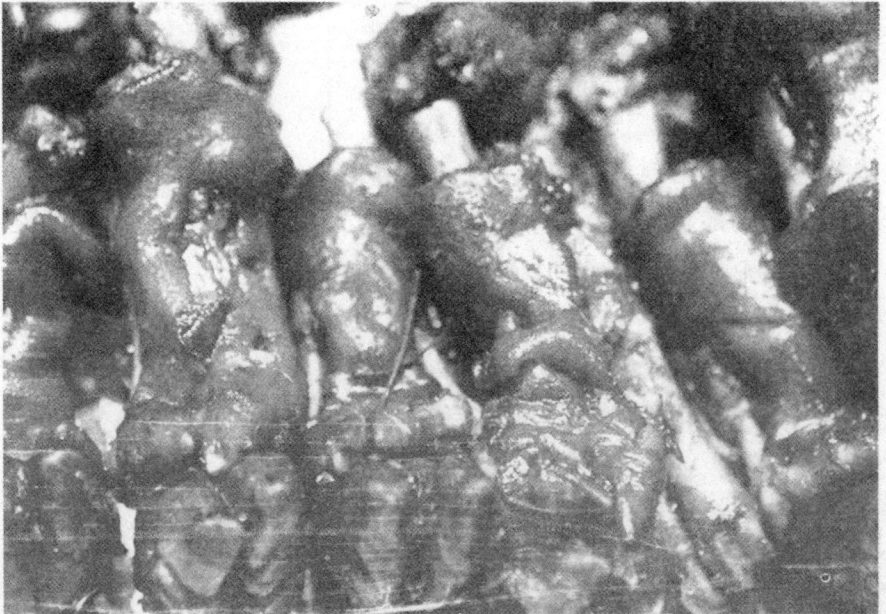

太湖风光

亮，味美适口"吸引了众多中外旅游者，只因其制法大不相同。

制作工艺较为讲究：首先，将精选的猪蹄膀洗干净，并将其一剖为二，放进开水锅内焯透，捞出置于盘中让其冷却。然后上火入油烧热，再掺入鲜汤。在烧制过程中还需掺入许多作料，如料酒、盐、酱油、鸡精、老姜、大葱、香料等。另外，烧制的火候需严格把握，不能太硬也不能太烂。

状元蹄颜色赤红，外表光润，味道醇厚，吃在嘴里软糯甜香却又不腻。

6. 太湖三白

"太湖三白"分别是指太湖银鱼、太湖白鱼及太湖白虾。作为食用，三者都具有味道鲜美、营养丰富、清淡可口等特点，属同里的特色食品。

太湖银鱼：因其色泽如银，故称银鱼。体长六七厘米、略圆，形似玉簪。其肉质细嫩，营养丰富，味道鲜美，无鳞、无刺、无腥味，可烹制各种佳肴。宋代有"春后银鱼霜下鲈"的名句，把银鱼与鲈鱼并列为鱼中珍品。清康熙年间，银鱼曾被列为贡品。银鱼亦可制成鱼干，色、香、味、形经久不变。烹制前，用水浸一下，瞬间变得柔若无骨，制成各类菜肴，亦可与鲜银鱼相媲美。据说银鱼还有美容的功效。

太湖白鱼：亦称"鲦"。其体形狭长侧扁，呈柳叶状，细骨细鳞。它是食肉性

太湖白鱼

经济鱼类之一，以小鱼虾为食。目前尚未养殖，主要依靠天然捕捞。白鱼肉质细嫩，鳞下脂肪多，口感细腻，味道鲜美，是太湖一大名贵鱼类。据《吴郡志》载："白鱼出太湖者胜，民得采之，隋时入贡洛阳。"可见，白鱼的价值在古代已得以发掘，作为贡品上呈皇宫。

太湖白虾：白虾壳薄、肉嫩、味鲜美，是不可多得的美食之一。据清《太湖备考》记载的"太湖白虾甲天下，熟时色仍洁白"，可知其名来历。白虾剥虾仁出肉率高，还可加工成虾干，亦可入药，有强身健体、清热解毒等功效。白虾用于做炝虾，一般是用玻璃盅为器皿，打

撑腰糕

开玻璃盅的盖子，一只只晶莹剔透的白虾令人赏心悦目，再配上香菜等作料，简直成了不可多得的艺术品，既饱了眼福又饱了口福。

7. 撑腰糕

撑腰糕是同里的一大特色食品。这种糕点，松软可口。它是用糯米、粳米、红糖、果仁、松子、红枣拌和后，制作成扁状，椭圆形，中间稍凹，如同人腰状，之后上笼屉蒸熟即成。

以前，它只在同里乡村作为一种节俗食品。每年的农历二月初二，流传着吃撑腰糕的习俗。据说，吃了撑腰糕，乡民们在接下来的一年里干农活时不会腰疼，从

而就能更好地胜任地里田间的劳作。随着城乡生活水平的提高，吃撑腰糕的习俗也渐渐淡了。

8. 糕里虾仁

糕里虾仁是同里的一大特色食品。其色泽鲜艳，松香可口，而且营养丰富。其做法较为简单，将鸡蛋清调匀后加入米粉、虾仁，入锅油氽即可制成。若是佐以番茄食之，味道更佳。

9. 三丝鱼卷

三丝鱼卷也是同里的特色小吃。其肉质细嫩，口感细腻，清香鲜美，别具风味。

其制作过程较为复杂：选约 3 公斤重

的草鱼（也叫青鱼），将其宰杀洗净，沿脊骨切出两块鱼肉。取一块置于砧板上，把它片成数片，皮朝上平摊在砧板上，浇上绍兴酒和姜汁水，再逐片拍上干淀粉。把火腿、熟笋、香菇等切成丝。葱切成段，整齐地放在鱼片上，卷成鱼卷。取盘一个，涂上一层熟猪油，把鱼卷整齐地排在盘中，上蒸笼蒸熟取出。砂锅置中火上，入油烧热，放入葱段、姜片等，煸出香味，倒入清汤烧沸，添加各种作料，然后把它们浇在蒸熟的鱼卷上即成。

三丝鱼卷

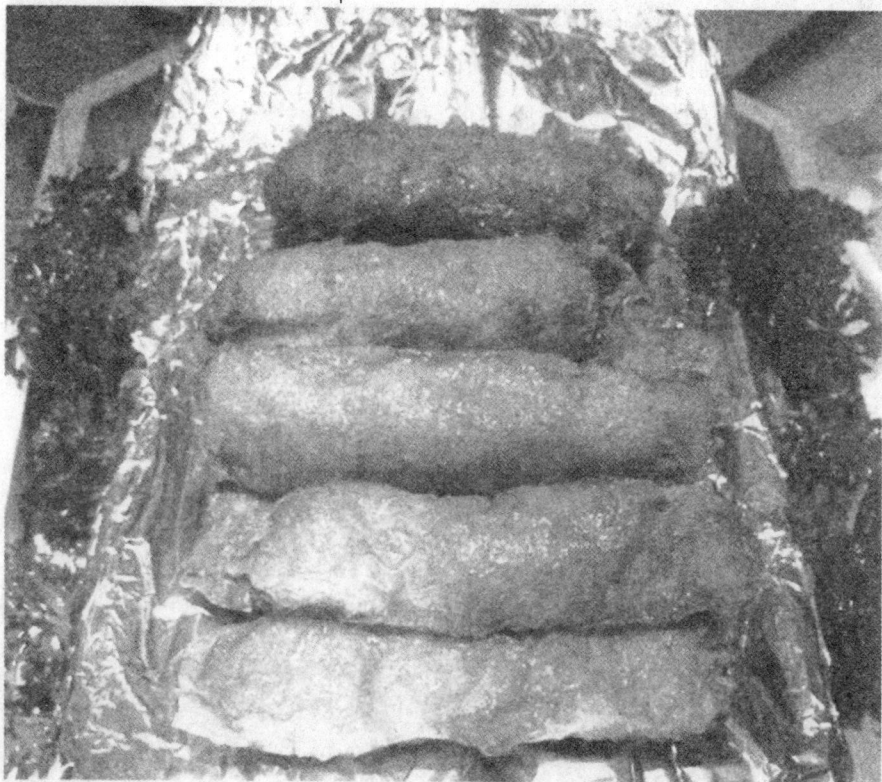

10. 香油鳝糊

用鳝丝与火腿丝、鸡丝、虾仁等配制，稍加姜丝、大葱、蒜泥等，把热油淋在上面。上桌时，薄撒胡椒、香油等，香气扑鼻，入口鲜美。

11. 酒酿饼

酒酿饼

酒酿饼是同里春季里的一种时令食品。由江南特产"糟"、酒酿掺入饼中，经发酵后贴烤而成。成品一面晶莹剔透，色如牛奶；一面淡黄焦脆，咬一口喷香、酸甜、嫩脆，故称为"酒酿饼"。

酒酿饼有荤、素和有馅、无馅之分。品种主要有玫瑰、豆沙、薄荷等味。酒酿饼以热食为佳，特点是甜肥软韧，油润晶莹，色泽鲜艳，滋味分明。

（三）工艺品

1. 书画

同里的书画作品堪称同里一绝。其主要内容以吉祥图案、人物、山水、花鸟、风景名胜为主。如刺绣，艺人以绘画作品为蓝本进行制作，绣工精细、针法灵活、图案精致、色彩雅洁，所绣作品形象生动、栩栩如生。笔墨韵味淋漓尽致，有"以针作画""巧夺天工"之称。其种类有扇画（折扇、檀香扇、绢画扇）、墙壁挂画、装饰

崇本堂正厅木雕

摆画等。这些作品具有美观、典雅、返璞
归真的特点，蕴涵着人与自然的和谐共存，
实为不可多得的旅游纪念品及具有观赏收
藏价值的精品。

2. 雕刻

雕刻也是同里的民间传统工艺，主要
以微雕、石雕、根雕三种类型为主。在同
里经常可以见到。

其中，微雕被赞为"绝技"。它是
一种以微小精细见长的雕刻技法。它的
工艺相当精细，"功夫愈精，价值也愈高"。
这种艺术是要求在非常细小的材质上进
行作业的，如在米粒大小的象牙片、竹

片或头发等细小物件上镌刻出极细微的书画、人物或诗词等。因其作业面积非常小，所以特别讲究选材，其材质要求绝对精纯，容不得有半点损伤或是裂纹。微雕也是十分讲究画面和章法的艺术，因此雕刻师们要有很好的艺术功底。另外，它所用的刀也很特殊，极其尖细且锋利。石雕，是指在石块上雕刻出各种图案、文字等，通常也指用石块雕刻成的雕塑工艺品。其数量及种类都相当多。根雕，是以树根（包括树身、树瘤、竹根等）为艺术创作对象，通过构思立意、艺术加工等，创作出人物、动物、器物等艺术形象。根雕艺术是把自然美与人的创造性进行结合的一种艺术。在根雕创作中，应更多地利用材质的自然形态来表现艺术形象，少部分由艺人的创意来进行加工、修饰。因此，根雕又被称为"根的艺术"或"根艺"。

3. 烫画

烫画，是用特制的铁笔（俗称烙铁）烧热后，在扇骨、梳篦、纸帛、竹木家具等物件上面烫出的工艺画，因此也叫"火笔画""火烙画""烙花"。烫画内容多为中国传统山水、人物、动植物、历史典故等。在烙绘时也可进行润色、烫刻、细描和烘晕。

葫芦烫画

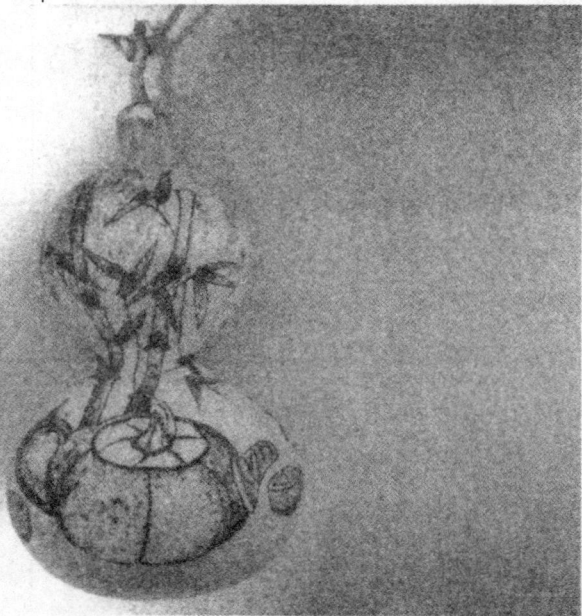

剪纸

烫画根据所用材质主要可分为木板烫画、竹烫画（烙花筷）、树皮烫画、纸烫画、布烫画、檀香烫画、葫芦烫画等。

4. 剪纸

剪纸又叫刻纸、窗花或剪画，是最为普及的民间装饰艺术之一。它同时也属于一种镂空艺术，在视觉上给人以艺术享受。它所使用的材质主要有纸张、金银箔、树皮、树叶、布、皮、革等片状材料。这些材料容易取得、成本低廉，而做出的剪纸又形象生动，既可作实用物，又可美化生

水晶内画鼻烟壶

活，因此普遍受到人们欢迎。

剪纸制作，主要有剪子铰、刀刻、手撕三种方式。

剪——直接用剪刀把纸剪成事先所设计好的图案。

刻——经刀刻、粘贴、揭离、修整而成。其优点是一次可以刻透多层。

撕——用手指代刀，但线条稍显不齐整。

同里剪纸具有各地剪纸的共性，同时又具有纤秀细密、灵活多样、栩栩如生等特点。

5. 水晶内画

顾名思义，水晶内画指的就是在水晶容器或其他透明容器内壁反手作画，而人们从外部观赏。首先要用水晶、茶晶、麻晶、人造水晶或其他透明材料等制作出素坯，然后将其内磨砂，再用钩状的笔，在口小如豆的瓶内反手作画。过程较为简单，可至关重要的是，艺人的艺术功底要扎实，而且在作画的过程中须全神贯注，发力于腕，行气于笔。作画内容往往是山水、人物或动物。

产品主要是内画鼻烟壶。内画鼻烟壶脱离了盛烟的功能而成为专门供人欣赏的艺术品。中国内画鼻烟壶发展至今已有

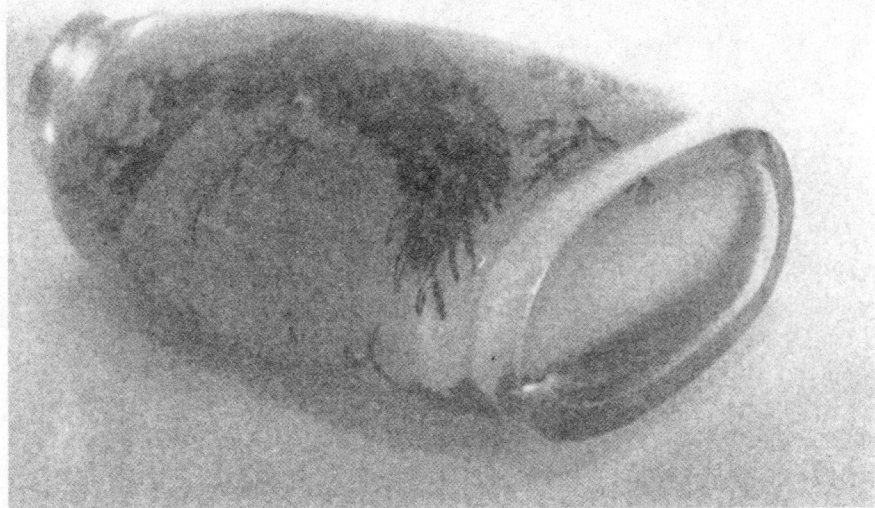

水晶内画鼻烟壶

水晶内画

400余年的历史。它是中国艺术的缩影，集中外绘画、书法、雕塑、镶嵌以及玉石、瓷器、漆器、珐琅、金属等工艺于一体。其选材丰富、造型多样、制作精细、玲珑精致，令人爱不释手。

四

活动

（一）节庆活动

常言道"千里不同风，百里不同俗"，同样的古镇，不一样的风情。同里也有许多自己独特的民俗节庆活动。

1. 正月初一点罗汉

点罗汉是同里世代相传的民间风俗，增添了节日的吉祥气氛。每年农历的正月初一至初五，四乡八邻的善男信女争先恐后地赶到坐落于古镇西南的"南观"去点罗汉，以祈求四季平安。

到了晚上，近郊几个村庄便联合起来出夜会。龙灯随着锣鼓翩翩起舞，其景色很是壮观别致。还有一些村子则串马灯、

同里水乡风光

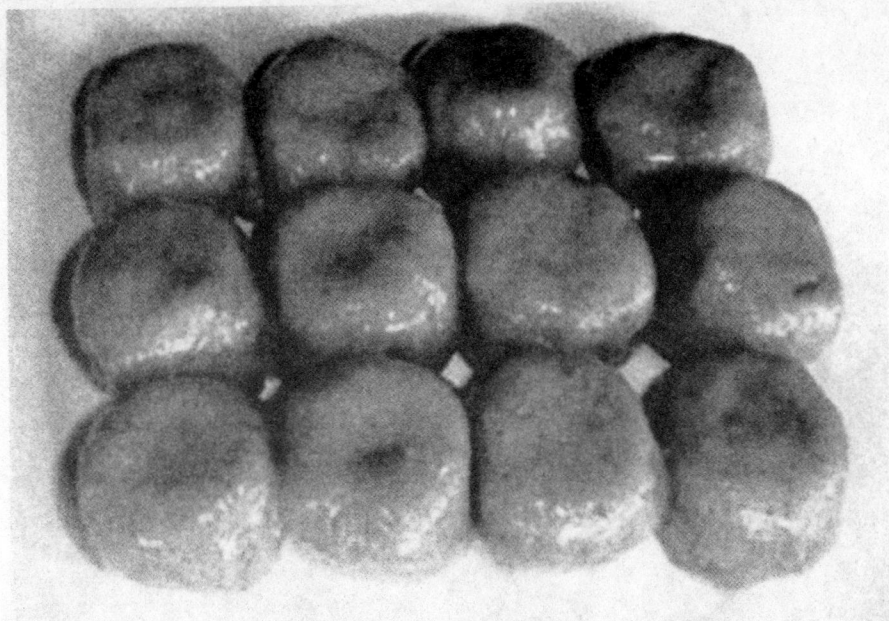

四月十四神仙会吃的神仙糕

串花篮、舞狮子，同样热闹非凡，其中以蒋家浜的舞狮子最为有名。

2. 三月廿八朱天会

这是民间自发组织纪念明朝末代皇帝朱由检的活动，最初只是明朝灭亡后一些遗老遗少发起的一种具有宗教形式的反清组织。世代相传，至今已成为一种喜庆的节日习俗。在同里，很多年轻人都不知其来历，所以参加活动的大部分以老婆婆为主，民间又称"三月廿八轧老太婆"。活动内容主要是"坐蒲凳，吃素斋"，据说吃了素菜可以身体健康，百无禁忌。

3. 四月十四神仙会

每年的农历四月十四日，是苏州城一

"轧神仙"活动

个相当重要的传统节日"轧神仙"。这一天，人们要到神仙庙去"轧神仙"。这个"轧"是挤来挤去的意思。轧神仙原先只是民间宗教活动，后来变为一年一度的盛大庙会。传说这一天是八仙之一的吕洞宾的生日，他会在这天化作凡人，到人间来点化世人。因此，大家都要到神仙庙去挤一挤，希望"轧"到神仙，沾点仙气，以期在接下来的一年内可以好运连连，幸福安康。

在这特殊的节日里，同里除逛庙会外，另有当地的特色。主要活动内容还有踩高跷、荡河船等。队伍很长，最后还有一批善男信女穿着罪衣、罪裙以表示赎罪。

4. 五月端午竞龙舟

"五月五，是端阳。门插艾，香满堂。吃粽子，撒白糖。龙舟下水喜洋洋……"端阳即端午，是我国的传统节日。在这天，人们往往会有很多活动，吃粽子、喝雄黄酒、赛龙舟、门前插上艾草等。

端午竞龙舟是端午节的一项重要活动，在很多地方都盛行，尤其是在我国南方。同里地处江南水乡，水域辽阔，此项活动最为热闹。而所谓的龙舟只是在农家木船的两舷扎一些简单的彩绸，同时插上一些各色小旗和彩纸做的花朵，船头左右边挂一个大彩球。比赛规则是：在规定距

龙舟比赛

张江赛龙舟

离内，同时起航，以到达终点先后来决定名次。比赛时除鼓队在船的头舱里助威外，留在船上的全是青壮年，而老人孩子妇女都得上岸观看。

据说，赛龙舟是为了纪念屈原大夫而兴起的。我们都知道，屈原是我国古代最具爱国主义精神的代表人物。因此，赛龙舟不仅是一项强身健体的娱乐活动，更能体现出人们心中的爱国主义和集体主义精神。

5. 六月廿三闸水龙

这项活动是古镇同里的一大特色。它实际上就是一年一度的消防比赛，分机动和人力发射两种。到了农历六月廿三这一天，周边村镇的人们都要赶到同里观看这项活动。活动地点是由大庙向西，一直排到渡船桥堍，越向西河面越开阔。拿水龙头者一起将龙头向人群发射，把看热闹的人群洒得浑身湿透。河面上水龙腾空，雾气弥散，场面非常壮观。

六月廿三闸水龙

6. 七月三十烧地香、放水灯

农历七月三十是地藏菩萨的生日，也是一个宗教节日，名为"地藏节"。这天黄昏时分，每家每户都要在自家的门口、庭院四角或围墙下地面遍插棒香，同时点燃，叫做"烧地头香"，俗称"烧狗矢香"。也可以一支一支地分插在地上，俗称"狗道场"。

"烧地香"结束后开始放水灯。放水灯在吴江地区仅同里一地所有。水灯，就是用牛皮纸制成的圆形有底的灯盏，中间放一只用泥制成后晒干的鸭脚,中有小孔,可安放灯草,然后往灯盏里加菜油。放灯的时候,前面一只船上由僧人演奏佛教音乐,后面一只船则专门把油纸灯内的灯草点着,然后慢慢放到水面上。就这样一边奏乐一边放水灯,不到一个小时,整个同里镇内的河面上都亮起了水灯,一闪一闪的,犹如满天星斗落入河中,景色十分壮观。

7. 八月初七、初八铜铜鼓

这实际上就是女儿节,农村里当年结婚的妇女,在八月初七、初八两天里可以回娘家和父母、兄弟姐妹团聚。因为过了

铜鼓

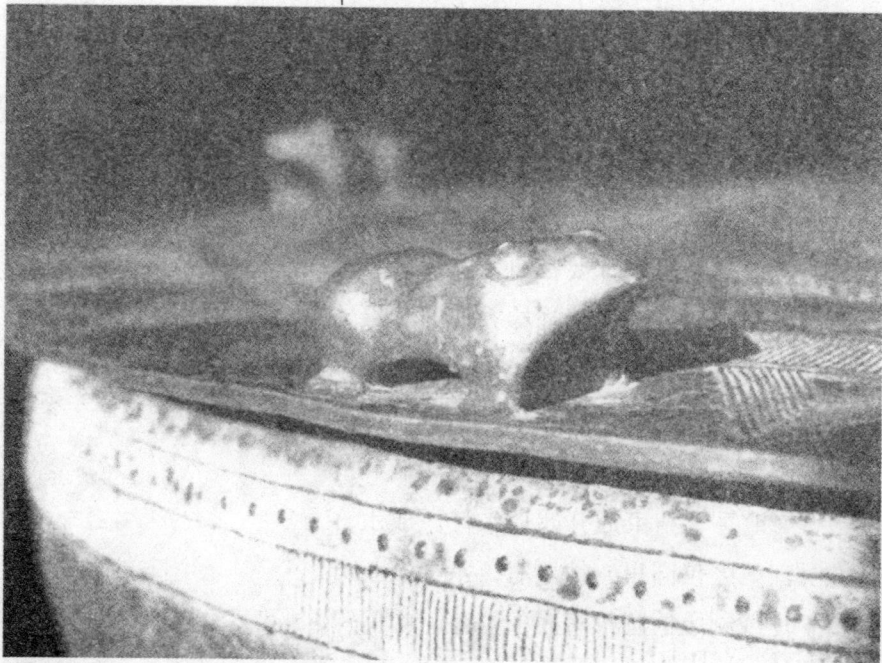

这两天农村就要开始秋收大忙了，也就不能再走亲访友了。在这两天，同里镇上也会热闹一番，附近集镇的小商贩都会集结到"北观"和新真街，参与拉洋片、套泥人、浪马戏等活动，人山人海，热闹非凡。

8. 八月十五中秋节

中秋节是我国的传统节日。农历八月十五日，在一年秋季的八月中旬，故称"中秋节"，又名"仲秋节""八月节"，又因其有祈求团圆之意，故又称"团圆节"。中秋节与春节、端午节、清明节并称为中国汉族的四大传统节日。

相传中秋节吃月饼的习俗始于元代

月饼

同里人同样非常看重此节。这一天，家家户户都要供斗吃月饼。斗以线香制成，把榸置于斗中，中有一塔形柱香。当天，香烛店专门有香斗供顾客挑选。供斗一般在黄昏时分开始，供斗时除供月饼外，还要备上其他各色果品，如菱、藕、橘子等。至半夜时分将香斗移于庭中焚化。之后，一家人才开始围桌吃月饼、赏月亮。

9. 十二月廿四小年夜

这个节日在我国某些地方流行，尤其是乡村。古镇同里人也比较重视。这一天，同里人要先进行一年一度的大扫除和做团子。首先是用稻草跟竹杆扎一个长长的扫把，用它来掸屋梁上、墙砖上、橼子上、柱子上等屋子高处的灰尘。掸完后，再刷台子、抹桌子、清洗家具及厨房用具等。最后，清扫地面，把屋里屋外打扫干净。接着，就是做团子了。团子馅有鲜肉、豆沙、萝卜丝等很多种类。在农村还有一种团子俗称"稻稞团"，个头特别大，可用它上供灶君皇帝，祈求明年五谷丰收。相传，稻稞团有多大，明年水稻发稞也就有多大，因此这种团子后来越做越大，大到一个团子可供几个人当早餐吃。

10. 十二月廿八做年糕

　　这一天离除夕仅仅两天时间，人们往往是最忙的。古镇同里的这一天也不例外，独具特色的是，同里人在这天有做年糕的习俗。年糕品种很多，有白糖桂花年糕、玫瑰猪油年糕、赤糖年糕等。每家每户所做年糕的数量也比较多，一般都要吃到来年正月十五。

　　11. 十二月三十年夜饭

　　除夕，是一年的最后一天，一般是农历的十二月三十日，所以也叫"年三十"。它象征着旧的一年就要过去了，所以也叫"岁除"。它又是春节的前一天，因此又有"辞旧迎新"之说，象征着新的一年将要到来。

除夕对中国人来说是极为重要的，同里人也不例外。这一天人们把所有的烦恼都抛在了脑后，准备除旧迎新。辛苦了一年的同里人，此时准备好丰盛的年夜饭，餐桌上都会摆得满满的，有红烧猪蹄、红烧鱼、红烧肉、八宝鸭、白斩鸡等，然后尽情地吃喝玩乐。之后是准备压岁钱，接着是吃点心守岁。当新年的钟声敲响，新的一年开始了，家家户户争先恐后贴春联、放鞭炮。鞭炮的喜庆气息把古镇笼罩在一片祥和温馨的气氛中。

新的一天开始了，新的一年也开始了。

（二）地方特色活动

1. 走三桥

江南水乡水多桥也多，同里的桥最为有名，尤其是"三桥"，它们给古镇带来了不少欢乐和希望。"三桥"是指太平桥、吉利桥和长庆桥。

同里人偏爱"走三桥"。每逢婚嫁喜庆，在欢快的鼓乐鞭炮声中，喜气洋洋绕行三桥，口中长长地念一声"太平吉利长庆"！沿街居民纷纷出户观望，上街道喜祝贺；凡逢老人66岁生日，午餐后必定也去"走三桥"，以图吉利安康。

同里中川桥

"走三桥"的习俗，形成于哪一年现在已难以考证，但"三桥"在同里人的心目中，象征着吉祥和幸福。随着时代的进步，"走三桥"也同样被赋予了新的内涵：

　　走过太平桥，一年四季身体好；走过吉利桥，生意兴隆步步高（亦云：官运亨通步步高）；走过长庆桥，青春长驻永不老。

　　民间还流传着不同年龄人"走三桥"的谚语：小巴戏（指孩童），走三桥，读书聪明，成绩年年好；小姑娘，走三桥，天生丽质，越长越苗条；小伙子，走三桥，平步青云，前程无限好；老年人，走三桥，

同里一景

打莲厢

鹤发童颜，寿比南山高；新郎新娘走三桥，心心相印，白首同偕老。

可见，"三桥"不只给古镇人带来了方便，更为他们带来了喜庆和希望，是同里一道不可替代的风景线。

2. 打莲厢

"莲厢"也称"霸王鞭""花棍"，是主要流传于江南一带的一种民间自制乐器。它一般选用长约一米、内径为两厘米左右的竹筒制成。艺人们在两端镂成三个圆孔，然后从两端起每隔十厘米左右就在竹筒上打一个穿通的孔，接着在孔中各嵌数个铜钱（孔稍大于铜钱，能摇响铜钱即

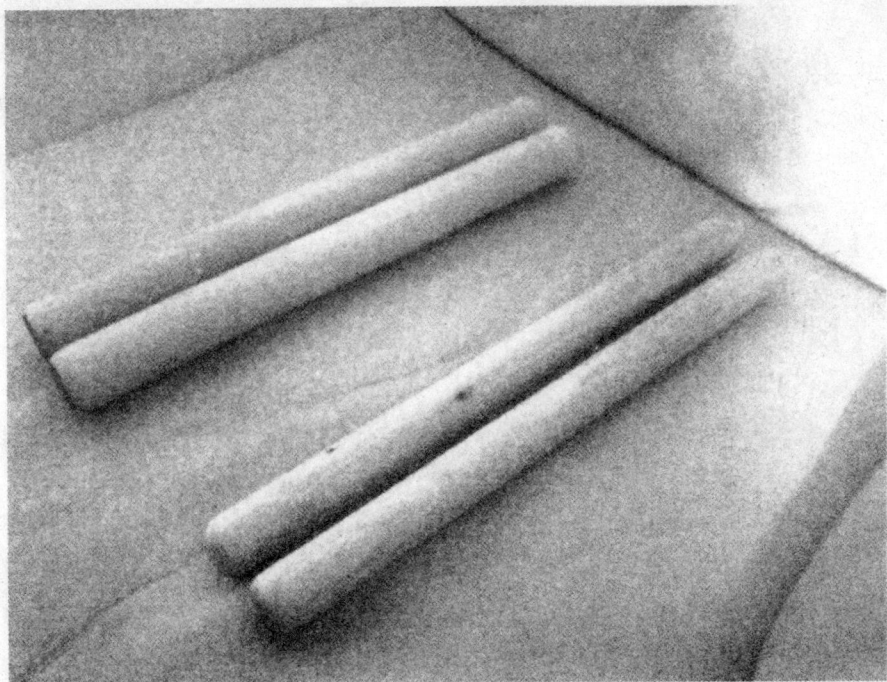

可），涂以彩漆，并用螺丝螺帽固定住，同时在此处系上花穗彩绸。

而所谓的打莲厢就是艺人们手持莲厢，和着乐曲按照各种方法用莲厢拍打自己的手脚、胳膊、肩腿等。可由数人、数十人乃至上百人参加。舞动时，莲厢内的铜钱会因此发出悦耳的声响，五彩的绸带也上下翻飞，煞是好看。打莲厢的人还配以说唱，唱词多据民间唱本，其曲调多引用越剧里的"莲花落"，以"莲呀莲花落"作为开场，内容包括抒情、说趣事或讽刺现实等。

解放前，打莲厢是农民遇到灾年后外

打莲厢表演

耍花棍

出逃荒，为讨饭谋生而采用的一种歌舞表演方式。解放后，打莲厢作为一种民间舞蹈成为一种大众娱乐方式。初时的莲厢艺人均为男子，身穿白衣白裤，在庙会及重大活动中表演。随着男女平等思想的兴起，演变至今，打莲厢不再是男子的专利，许多女子也加入其中。妇女们时常身穿蓝布印花衣衫，头包蓝布碎花头巾，在各种喜庆场所及重大节日里翩翩起舞。

五 游在同里

在同里最为出名的景点是"一园、两堂、三桥"，都具有古色古香的造型特色。"一园"是指江南名园退思园，此园在不大的面积里精巧安排，使得小小的园林给人一种移步换景千变万化的感觉。"两堂"指的是崇本堂、嘉荫堂。"三桥"指的是太平桥、吉利桥和长庆桥。

（一）退思园

退思园建于清光绪十一年至十三年（1885—1887年），共历时两年建成。此园占地仅九亩八分，构思精巧，既简朴无华，又素静淡雅，深具晚清江南水乡园林的建筑风格。园主任兰生，字畹香，号南云。退思园的设计者袁龙，字东篱，

同里退思园荫余堂门雕

诗文书画皆通。光绪十年（1884 年），内阁学士周德润弹劾任兰生贪赃枉法，以权谋私。此后，虽经查实，未有此事。任兰生依然"解甲"归于故里——同里。他落职归乡的第一件事就是花费 10 万两银子造宅园。取《左传》"进思尽忠，退思补过"之意，为其命名"退思"。其弟任艾生哭兄诗亦有"题取退思期补过，平泉草木漫同看"之句。可见园主的本意是在"补过"。

退思园草堂内景

退思园具有江南水乡园林的共性，亭、台、楼、阁、廊、坊、桥、榭、厅、堂、房、轩一应俱全。它以池为中心，所有建筑如浮水面，格局紧凑自然，再以四时景色点缀其间，带有清幽、明净的气息。退思园又具有自身的独特风格。受地形所制，建筑格局突破常规，改纵向为横向，自西向东，西为宅，中为庭，东为园。这在苏州私家园林中，是一个特例。

宅分外宅和内宅。外宅有轿厅、花厅、正厅三进。轿厅、花厅为接待一般客人及停轿所用。若有贵宾来临或遇祭祖、婚庆等重大典礼时，则用正厅，以示隆重。正厅两侧原有"钦赐内阁学士""凤颖六泗兵备道""肃静""回避" 4 块执事牌，重门洞开，庄重肃穆，

令人望而却步。

内宅是园主与家眷起居之所在。建有南北两幢楼，以园主字号名为"畹香楼"。楼与楼之间由双重回廊贯通，俗称"走马楼"，为江南之冠。回廊东西两侧各设楼梯，雨天不走水路，晴天又可遮阳，又为主仆上下时提供避让之地。畹香楼下另设有数间下房，专供仆人居住。内宅又是园主藏宝重地，因此内宅两侧石库门均用清水方砖砌成，以防火防盗。据说，在同里的明清建筑中，仅此两扇砖木结构的封火门尚属原物，其他地方的基本上为近世所复制而成。

中庭是西宅向东园的过渡。庭院中植

退思园草堂内景

有树木、花草，显得非常清新，古朴而幽静。
庭中旱船，船头面对"云烟锁钥"月洞门。
旱船又与南北两侧的坐春望月楼、览胜阁、
迎宾居、岁寒居等厅楼建筑相形错落。登
上坐春望月楼可四季赏月，吟诗作赋，也
可踏月赏花。楼之东侧为览胜阁。览胜阁
是一座不规则五角形楼阁，与坐春望月楼
相通。此楼居高临下，可一览东园佳境，
宅中女眷，足不出户，就可饱览园中景色。
这在江南宅第园林中独树一帜。与坐春望
月楼相对的有迎宾居、岁寒居。园主当年
曾在此以文会友，陶冶性情。岁寒居适于
冬日赏景，风雪之时，三五好友围炉品茗。
透过居室花窗，可见潇洒清幽的腊梅、挺

退思园荫余堂门雕

退思园牌匾

拔坚毅的苍松、清骨神秀的翠竹，一幅天然的"岁寒三友图"，从中亦能悟得雪压青松之韵，听得翠竹敲窗之音，静中有动，声情并茂。

岁寒居正背退闲小筑与云烟锁钥月洞门。"退闲小筑"四字为同里书画家徐穆如所题，月洞门上"云烟锁钥"四字虽已模糊，但月洞门内却别有一番风情景致。

退思园的花园以水为中心，建筑、假山沿水边布置，建筑多贴水而筑，突出了水面的汪洋之势，故有"贴水园"的美称。

退思草堂古朴素雅、稳重气派，为

全园之主景。退思草堂坐北朝南，隔池与菰雨生凉、天桥、辛台和闹红一舸相对。与草堂相连的是环水池而筑的"九曲回廊"。

由曲廊往南是退思园中最富动感的"闹红一舸"。它其实是一船舫形建筑，立于池中，船身由湖石托起，一半浸入湖水，外舱紧贴水面。水流经湖石孔桥，发出潺潺之声，好似船正在航行。船头红鱼游动，点明"闹红"之意境。

菰雨生凉轩与天桥，堪称园中一绝。菰雨生凉轩内阴湿凉爽；天桥，上为桥，下为廊，前后贯通，八面来风。这两处都是盛夏消暑纳凉的最佳处所。

退思草堂

退思园荷花池

　　退思园集清代园林之长，小巧精致，清淡雅宜，亭台掩映，趣味横生，堪称江南古典园林的经典之作。园林学家陈从周称退思园为"贴水园"——因孔子曰："智者乐水，仁者乐山。"退思园以其深刻的文化内涵，显示出同里源远流长的历史，给人以遐想和启迪。

　　退思园1988年被列为江苏省文物保护单位。1998年被国家建设部、文物局列入"世界遗产——苏州古典园林"增补名单。2001年6月25日，退思园作为清代古建筑，被国务院批准列入第五批全国重点文物保护单位名单，同年，退思园被

列为世界文化遗产。退思园是江南水乡所有古镇中的第一个世界遗产。

1986年，美国纽约市在该市斯坦顿岛植物园内，以退思园为蓝本，建造了一座面积约为358平方米的庭园，取名"退思庄"。小小退思园影响之深远由此可见一斑。

（二）嘉荫堂

嘉荫堂是同里著名的"两堂"之一，共四进，位于竹行街尤家弄口，建于1922年，旧称"柳宅"。堂主为柳炳南，与著名爱国诗人柳亚子先生同宗，原为北厍人，先于芦墟开设油坊，发迹后迁至同里，共耗白银两万两来营建宅第。

嘉荫堂的正门采用石库门式的墙门，其墙面所用原料比较细腻又用经过水磨加工的细清水砖砌成，并上施灰浆，整洁光亮。

堂内各处建筑，雕刻十分精细，有一定艺术价值。主建筑嘉荫堂，仿明代风格，因梁头棹木好似明代官帽的帽翅，故又称"纱帽厅"。该庭院高大宽敞，肃穆庄重。五架梁两侧中心刻有"八骏图"，梁两端刻有"凤穿牡丹"。梁底则刻有"称心如意""必定高中"等图案。更为罕见的是"纱帽翅"（梁头棹木）上刻有《三国演义》中的"古城会""三英战吕布"等8幅戏文透雕，形象逼真，

嘉荫堂内景

呼之欲出。这组透雕已被《中国戏曲志·苏州分卷》收录。

衍庆楼即内宅堂楼。门楼上枋刻有"暗八仙"浅浮雕，下枋一块玉中心刻有"福禄寿"三星的深浮雕，字牌上刻着"厚道传家"4个大字。移步衍庆楼内，一幅幅惟妙惟肖、栩栩如生的名人轶事木雕，历历在目，观者无不为之倾倒。位于衍庆楼西北隅还有一座"水秀阁"，小阁临水而筑，小巧玲珑。置身其中，近可闻风声、水声、鸟叫声，远可观小桥驳岸，老树苍翠，是一个修身养性的好处所。

（三）崇本堂

崇本堂也是同里著名的"二堂"之一。

崇本堂内宅堂楼长窗腰板木雕

位于富观街长庆桥北面，坐北朝南，临水而筑，东与嘉荫堂隔河相望，西与"三桥"相连。此堂系1911年购买顾氏"西宅别业"的部分旧宅翻建而成，堂主钱幼琴。

整个建筑群体沿中轴线向纵深发展，共5进25间，由门厅、正厅、前楼、后楼、厨房等组成。宅内建筑占地虽不足一亩，体量也不大，却显得精致、紧凑而自然。崇本堂最吸引人的，要数它的各种雕刻，其精湛的技艺和深刻的内涵，都称得上是一笔宝贵的财富。

进入庭院，只见砖雕门楼面北而立，门楼上方设置了仿木结构的飞椽斗拱，拱眼板上刻有夔龙细纹。门楼的字牌上端庄有力地写着"崇德思本"4个字，两侧各有一幅人物山水画。

崇本堂自正厅至内宅堂楼共三进，里面有木雕100多幅，内容各不相同，画面简洁明快，构图生动活泼，是非常难得的艺术品。正厅居中置六扇长窗，长窗裙板上除刻有"花卉博古"图、聚宝盆（寓意招财进宝）、牡丹和瓶子（象征富贵平安）外，所有窗的腰板上刻着《（西厢记》的故事，包括从张生游殿到十里长亭送别，共有14幅之多。前楼底层长窗的腰板上刻有"红楼梦十二金钗"

同里崇本堂第一进砖雕门额

图，有"黛玉荷锄葬花""宝钗执扇扑蝶""湘云醉卧芍药""妙玉月下赏梅""元春奉命省亲""探春含泪远嫁"等，这些浅浮雕精工细作，栩栩如生。后楼是崇本堂雕刻的精华所在，共有木雕58幅，而且形象活泼生动。

崇本堂的建筑设计颇为科学，正厅

与堂楼之间均有封火墙隔断，门楼与过道两侧设有天井。这种结构融入了现代科学理念，既可通风又可采光，既能泻水又能防火，是建筑设计中一个不可忽视的重要环节。

（四）三桥

"三桥"指太平桥、吉利桥和长庆桥。它们既小巧玲珑又古朴典雅，远看如三尊精致的石雕，是同里的桥中之宝。三桥位于镇中心，呈三足鼎立的姿态伫立在三条小河的交汇处。

太平桥建于清乾隆十二年（1747年），它跨于东柳、漆字两圩。桥为梁式，小巧玲珑。桥上有联一副，曰："永济南北太平路，落成嘉庆廿三年。"吉利桥于 1988 年由同里镇政府拨款重建，桥为半月形拱桥，处太平、长庆两桥之间。桥之南北两侧都有桥联，南侧一联："浅渚波光云影，小桥流水江村。"北侧一联："吉利桥横形半月，太平桥峙映双虹。"长庆桥俗名谢家桥、福建桥，又称广利桥，1988 年在清理两侧金刚墙上的杂树时，同时对拱面建筑进行了加固整修。桥上有桥联一副，曰："公解囊金成利济，好留柱石待标题。"此桥是明代陈镛、谢忱改建。

碧水映古桥，绿树藏娇影，很是一片迷人的景色。沿河青石驳岸，岸边和欢、

碧水映古桥，绿树藏娇影

女贞临波倒映，两岸筑有花石栏，河中船来船往，双双对对；桥上人来人往，笑语声声。人在其中烦恼尽消，这里已成为古镇一道独特的风景。

伴随着三桥最精彩动人的依然是同里人代代相传已延续多年的"走三桥"风俗。每逢喜庆，人们要在欢快的鼓乐鞭炮声中，喜洋洋地绕着三桥走过一圈。同里人历来看重"走三桥"，把太平、吉利、长庆三座桥看做是消灾消难、吉祥幸福的象征。

（五）珍珠塔

珍珠塔，原址为明代嘉靖年间南京道监察御史陈王道的府第。它是根据在江

珍珠塔风景

南民间广为流传的"珍珠塔"故事中的轶闻趣事以及遗留的历史遗迹进行开发修复的。

新修复的珍珠塔园，由仪门、轿厅、宏略堂、堂楼（陈翠娥小姐绣楼）、书楼、花厅（玉兰堂）、茹古斋以及备弄、厨房等建筑群和船坞组成。

珠塔景点群就是在保留现有的文物遗迹和人文历史内涵的同时，在吸取苏州园林精华的基础上，从空间组织和景观安排上形成了自己鲜明的个性。它充分利用江南水乡的优势，将珍珠塔故事中的景点名称予以恢复，因此更具有古典浪漫主义和传奇色彩，再现了吴地文化丰富的内涵。

珍珠塔园一景

珍珠塔园内景色

　　珍珠塔的故事源于同里，代代相传。方卿在这里见姑妈，翠娥在这里赠塔，陈王道嫁女也确有其事。陈翠娥不弃贫贱，忠于爱情，赠塔许愿，与方卿结为夫妇。故事经艺术的想象、塑造、夸张，人物形象描写得淋漓尽致。

　　珍珠塔的故事要从方家说起。方氏夫人家住原屯村小湘村，在九里湖之南，现有方氏居民十多户。到了《珍珠塔》书中，方氏却成了湖南襄阳人氏。"湖南"即九里湖南岸之意，"襄阳"则从小湘的"湘"字谐音而出，作者有意以讹传讹而已。从小湘出发，坐船绕九里湖一角，经过"白云庵",过富观桥就可抵同里陈家牌楼,进陈氏家祠。这"白云庵"过去确有尼姑修行。方氏千里寻儿无着,欲自寻短见,被尼姑搭救,暂居"白云庵"。同里镇西郊,有座小土山,原有一亭,四周栽种九棵青松,故名"九松亭"。从同里至吴江县城,九松亭是必经之地。方卿受姑母羞辱,一气之下,不辞而出陈府。陈御史得悉,跨马追踪,到九松亭相遇,对方卿亲口许婚,连九棵松树也"点头"称许。

方卿后来中了状元,皇封七省巡按大人。《珍珠塔》中说方卿唱道情羞姑,"头顶香炉,脚踏莲花,九跪三叩"。但作为

《珍珠塔》剧照

晚辈也太过分，据传方卿仅活 36 岁就去世了。传统锡剧《珍珠塔》中方卿不听表姐翠娥再三劝阻，执意去兰云堂借唱道情恣意羞辱姑母时，陈翠娥心情异常沉重，斥责方卿不该挟嫌报复，并晓以大义。陈翠娥的一段唱词"不容人者人不容，不尊人者人不尊。到头来得了金印失人心，众叛亲离怎立身"，使陈翠娥美丽贤淑、重情识理的大家闺秀形象更为动人，同时也使方卿深受感动，特意在"尾声"中手托乌纱帽，跪地请罪，塑造了方卿"穷不失志，富不癫狂"的形象。

（六）陈家牌楼

陈家牌楼是古镇一处标志性建筑。位

《珍珠塔》剧照

陈家牌楼

于同里镇北的富观桥与永安桥之间，是明万历年间，为表彰南京道监察御史陈王道为官清正、政绩卓著而建，现仅存五开间大厅及陈翠娥书楼部分遗迹。

此牌楼用4根直径30厘米左右的方形石柱支撑。牌坊上方为楠木结构，坊上飞檐翘角，正中匾额上刻有"清朝侍御"四个大字，下面额板上也刻有："大明万历庚辰为南京道监察御史陈王道立"字样。在许多木架上还雕刻了各种栩栩如生的飞禽走兽，牌楼后则是陈王道的故居，内有陈氏家祠、孚寄堂和陈翠娥书楼等。牌坊前还有一对大青石狮子，十分威严。

陈家牌楼现今虽已残损破旧，但历史

是抹不去的。据《同里志》记载，陈王道，字孟甫，号浩庵，为明嘉靖四十四年（1565年）进士，授靳县知县，又补阳信，皆以才、廉闻名于地方，后擢升为南京监察御史。相传南都贡院的号房，一向只用芦席遮盖，一到刮风下雨时节，士子们都不堪忍受，于是他向朝廷奏请，以瓦换芦，故深受士子爱戴。

（七）南园茶社

南园茶社旧名"福安茶馆"，因陈去病、柳亚子曾为成立"南社"之事在此商讨，于是，被后人改称"南园茶社"。它建于清朝末年，位于同里镇区最南端，是古镇

南园茶社

历史上著名的前八景之一"南市晓烟"的原址，与陈去病故居隔河相望。

南园茶社卧于水上，共四开间门面，全部为传统的砖木结构，门面是清代风格的木雕装饰，上下两层，总面积为400多平方米。楼下铺面店堂设有账房和泡水用的"老虎灶"；楼上还有一个"曲苑班"，茶客可聆听几段江南丝竹、宣卷、评弹、戏曲、小调等曲子。

此茶社自有一套经营之道。在这里除了可以品尝不同档次的红茶、绿茶、花茶外，还供应熏青豆、萝卜干等各种茶点。茶楼的服务员都着明清服饰，别有一番韵致。

在这里，除了茶香、景美，还可以领略到古镇的人文历史，实不愧"江南第一茶楼"之称谓。

罗星洲

（八）罗星洲

罗星洲位于同里镇东同里湖入口处，是浮在湖面上的一个小岛，有"蓬莱仙境"之美誉。它同时也是一块集佛教、道教、儒教三教合一的圣地。据记载，罗星洲最早的建筑始于元代，在漫长的历史中几经损毁，清光绪年间得以大规模地重修、扩建。抗战时期，日军又一次烧毁洲上的所有建筑，使之沦为荒岛。直到1996年，同里政府再次着手重建，各庙宇及楼阁等建筑才得以恢复。

罗星洲四周环以长堤，四面碧水环绕，古木参天，绿荫幽深。小岛集庙宇、园林于一身，南部为园林，北部为寺庙，建筑布局紧凑。

现存庙宇楼阁有观音殿、城隍殿、文昌阁、听雨轩等。洲上的主体建筑是观音殿。此殿为重檐结构，气势恢弘，具有清代建筑风格。殿底层以宽阔的游廊相围，殿后建有一个小亭，殿宇的南面是一个花园。另外，因地制宜，由弧形的堤岸湾成一泓池水，水池周围有水阁、旱船、曲桥等建筑。曲折的游廊由西向东将殿宇与花

罗星洲风景

园有机地加以分隔，成为烘托花园的背景。游廊地形比较高，游人置身其中，可以清楚地眺望湖面的景色。

罗星洲一向以烟雨景观取胜，其"罗星听雨"在历史上被列入同里二十景之一。古时候，富于诗情画意的"罗星听雨"是文人们最向往的一种享受。放眼望去，雨中的罗星洲寺庙，犹如浮在碧波上的仙境。

（九）陈去病故居

陈去病故居坐落于同里镇三元街，为清末民初砖木结构建筑，由其祖父、叔父始建于清末同治年间，因其祖辈均经营榨

陈去病塑像

油业，故其建筑为前坊后宅格局，共占地1360余平方米。大门面西，门楣上方原有"孝友旧业"匾额，门内原有半亭，现已不存。宅内现存建筑有百尺楼、绿玉青瑶馆、家庙、浩歌堂、书房及下房等，共45间，为无轴线型不规则建筑。

浩歌堂坐北朝南，面阔三间，于1920年建成。落成之时，恰逢陈去病阅读白居易《浩歌行》，于是将此屋取名为"浩歌堂"。此堂是陈去病会客之所，堂中原悬有"女宗共仰"及"浩歌堂"横匾。其中"女宗共仰"匾是孙中山先生褒扬陈去病之母倪老夫人"鞠育教诲，以致于成"而亲笔所题写。堂中柱上有陈去病自撰的一副楹联：上联"平生服

膺明季三儒之伦，沧海归来，信手钞成正气集"，下联"中年有契香山一老所作，白头老去，新居营就浩歌堂"。香山一老即指孙中山先生。

百尺楼，楼名出自秦湛《卜算子》词"极目烟中百尺楼"句，是陈去病藏书和写作的地方，一楼一底，十分简朴。他所编著的《百尺楼丛书》，即以此楼而定名。

绿玉青瑶馆又称堂楼，坐西朝东，砖木结构，五楼五底二厢房，共有 13 间。馆名源自倪瓒（云林）诗句"依微同里接松陵，绿玉青瑶缭复萦"。据载，此馆初建于 1932 年，距今已有 70 多年。楣额中"绿玉青瑶馆" 5 个大字系近代书法家杨千里

计成故居

先生手书。

陈去病故居于 1980 年 5 月被列为县级文物保护单位，由地方政府拨款修葺，1995 年 4 月被列为江苏省文物保护单位。

（十）计成故居

计成（1582—1642 年），我国明代末期著名的造园专家，同里人，字无否，自号否道人。计成少年时就因擅长山水画而享有名气。属写实画派，因而喜好游历风景名胜，青年时，曾经到过北京、湖广等地。人到中年时回到江南，选择在镇江定居，从此改行造园。

他提出了应按真山形态堆垛假山的主

计成故居外景

同里老宅

张，并亲自动手完成了一座假山石壁工程。作品栩栩如生，他也因此闻名遐迩。他的园林代表作有在仪征县为汪士衡修建的寤园、在南京为阮大铖修建的石巢园、在扬州为郑元勋改建的影园等。他根据自身丰富的实践经验，于崇祯七年刊行《园冶》。《园冶》总结了中国古典园林的造园艺术，对建筑及造园艺术都作出了科学的分析和系统阐述，是造园学的经典著作，被誉为"世界最古之造园书籍"，有极高的文献价值。

计成故居旧址位于同里乌金桥南侧，历经百年沧桑，如今只剩下一座颓败的大杂院。古老而斑驳的青砖外墙上，嵌着一

同里老宅古韵

块黑色抛光大理石，上面写着毫不起眼的"计成故居"四个字，字呈淡灰色。中间嵌一大门，如今也只剩下一个门框。前面是一块空地，有两排香樟树。门前两条成丁字的小河，水声叮咚，倒是一个休闲、纳凉的好处所。

1991年，园林学家陈从周来同里考察，曾提议建造"计亭"，以示纪念。如今"计亭"的建造已列入规划。

（十一）松石悟园

松石悟园简称"悟园"，是"同里镇松屏石展馆"所在地，园名出自于收藏者张家忻夫妇的诗句："石皮弄中石破石皮呈天书，吾心静处吾悟吾心得菩提"，体

同里古镇松石悟园展品

现了收藏者及展馆以破译天书、感悟人生为己任的思想。故谓"悟园"。

悟园位于古镇石皮弄中，毗邻吉利、太平、长庆三桥，与珍珠塔景区仅一墙之隔。全园占地1600平方米，园内草木茂盛，竹影摇曳，水杉林阴交织，百年银杏挺拔巍峨，犹如伞盖。园景典雅清静，是一处极佳的藏石、赏石的洞天别院。

悟园里陈列着1200余块自然形成的松屏石板画精品，这些石头多为平面层状，大小各异，上面的纹路极具美感。这些珍贵的收藏是原铁道部工程总公司设计部部长张家忻先生及其夫人王月军女士，花30多年苦心收集而得。同里镇政府为了永久保存这批珍贵的自然文化遗产，特意修建此展馆。

展馆内展品分天地篇、人文篇、禅意篇、警世篇、小品等五个部分，分别陈列于七个展厅之中，向人们充分展示了大自然神奇的造物力量。

（十二）文物陈列馆

同里历史文物陈列馆，坐落于富观街35号，原为王绍鏊故居，所以也称"王绍鏊纪念馆"，现为吴江爱国主义教育基地。

该馆以文人、文物、文史为主要展览内容，展现同里古镇的历史风貌。名人馆重点收录自宋至清末以来古镇的历代状

王绍鏊纪念馆

元、进士举人共 42 人的图片资料，另收录有近现代史上众多名人的图片及资料。文物馆展示 100 多件在同里出土的文物，包括部分良渚时期之物。文史馆里记载了同里从太平天国到解放时期所历经的历史事件，也包括同里先辈参与历次重大活动的文字和图片情况。

（十三）肖甸湖森林公园

该公园位于同里镇东北部，东南与著名的江南水乡古镇周庄相接，北面和南面与碧波千顷的澄湖和白蚬湖相连，地理位置十分优越，交通便利，是同里与周庄旅游线路的必经之地。

肖甸湖森林公园占地近 4000 亩（水

肖甸湖森林公园

面 2000 多亩）。目前，园内已初步建成以水杉、池杉、毛竹为主的成片林地近 500 亩，逐步开发引进了银杏、枇杷、花卉、苗木等近 200 亩。另外，还有桑田、粮田近 500 亩，鱼塘近 500 亩。园内林木茂密，多种野生动物相互嬉戏，再加以周围湖泊、农田点缀，呈现出一派古朴、自然而优雅的田园风光。如今，园内新增有假山、秋千区、烧烤区、垂钓区和茶室、凉亭等旅游设施，是人们在工作之余享受大自然的理想场所。

肖甸湖森林公园于 1998 年 5 月被江苏省农林厅批准为江苏省吴江肖甸湖森林公园，2001 年上半年又被江苏省

肖甸湖森林公园

耕乐堂内景

环保厅、农林厅联合命名为省"百佳生态村"。

（十四）耕乐堂

耕乐堂位于同里上元街陆家埭北部，始建于明代，主人为同里处士朱祥。

耕乐堂，占地6亩余，初建时有5进，共52间，屡经兴废，现尚存3进，共41间。堂内有园、斋、阁、榭，保持着清代建筑风格，为江南典型的前宅后园布局结构，系宅第园林。宅楼西侧可直通后园，园中置有荷花池、鸳鸯厅、环秀阁、桂花厅等特色景观建筑。荷池四周湖石镶砌，高低参差，清幽别致。鸳鸯厅位于荷池南面，面阔3间，与环秀阁隔池相对。环秀阁跨水而筑，造型别致。从环秀阁绕假山而下，便可见桂花厅。桂花厅自成院落，院中植有金桂、银桂两株古树。

耕乐堂于 1981 年被列为省级太湖风景区同里八景之一，1986 年 7 月又被列为吴江市级文物保护单位。如今，为突出耕乐堂的文化气息，在堂内各厅、楼室都布置了根雕展览。

（十五）静思园

静思园位于同里古镇向西 3 公里处的庞东村。此园为民营企业家陈金根先生所筑之私家园林，也是江南最大的私家园林。此园占地 100 余亩，园中建筑沿袭苏州古典园林风格，小巧别致。园内景点有鹤亭桥、小垂虹、静思堂、天香书屋、庞山草堂、苏门砖雕和盆景园、历代科学家碑廊、咏石诗廊等。其中静思堂是该园的主体建筑。

静思园中最引人入胜的便是石景。600 余平方米的"奇石馆"内陈列着大量灵璧奇石。这些由数亿年前火山喷发岩浆冷却后形成的"灵璧石"，是中国最为著名和难得的奇石。石质坚硬而润泽，颜色有紫、黑、灰等，造型有神龟、飞马腾空、虎吼、狮跃等，自然造化，鬼斧神工。其中，被奇石收藏界人士叹为观止的奇石是静思园的镇园之宝——庆云峰。据考证，此为

同里静思园门上雕刻

静思园雪景

灵璧宋花石纲老坑遗物，已具有 5 亿年的历史。高 9.1 米，宽 2.95 米，厚 2.24 米，重 136 吨，通体有 1600 余孔，孔孔相通连。2001 年，它以"石奇峰异"创上海大世界吉尼斯之最。如今，它已被视为静思园的标志。

静思园除石奇外，另有两大特色——水美、宅古。

静思园坐落在历来以水著称的原庞山湖址上，水面约占静思园总面积的一半。因地制宜，造园者紧紧抓住这一优势，处处临水造景，形成以水取胜的园林特色。水能增色，亦能显情，有水则有灵气。这一特色，是苏州其他几处著名的古典园林所无法相比的。

静思园有许多古建筑或木架构体等都是整体搬移过来的，在静思园中重新组装复活。园中最古老的是移建于洞庭西山的"天香书屋"。始建于明代，坐落在住宅群西侧，至今已有 400 余年历史。另有移建于苏州古城的住宅轿厅、大厅和楼厅，以及移建于上海的弘雅堂。除此之外，还有诸多来自安徽、苏北等地的砖刻门楼、木架构件等。它们都是各地历史的遗存，积聚了多年的沧桑汇聚于此，使静思园更显古朴优雅。

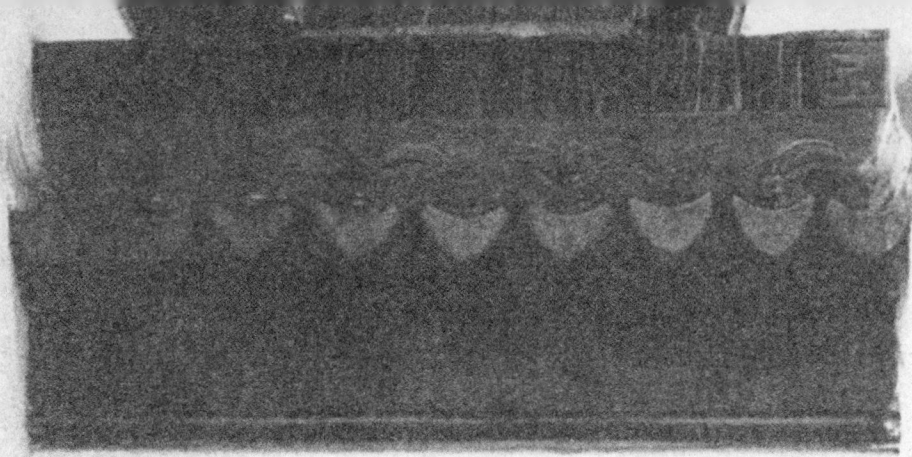

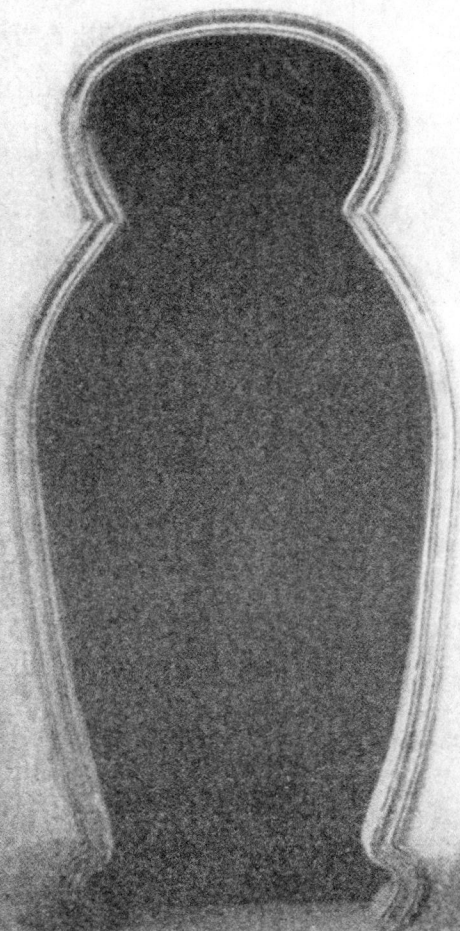

（十六）古风园

古风园坐落在退思园北侧，屋宇呈回字结构，中部为花池、廊亭。展厅分两大部分，分别是中国古代百床展和木雕古玩展。一踏进古风园的大门，将军门的阔绰让人颇有"侯门一入深似海"的感觉。

（十七）明清街

此街全长 160 米，因其两旁的建筑多为明清年代所造，保持了明清时的建筑风格，故称为"明清街"。古街保存了原来的条石板路面，一路行去，各种各样的店铺比比皆是，有的出售当地土特产，有的摆满了各种字画墨宝，有的挂着各种精美

同里静思园

的工艺品，还有的正在现做现卖各种香喷喷的小吃。各色标示店名的小旗在古街上空飘荡，给人一种古风悠悠扑面而来的感觉。费孝通先生为古街题写的"明清遗风"四个大字，被镶嵌在古朴庄重、高高耸立的大理石门楼上，远远望去，有一种历史的沧桑感。

明清街显得宁静而恬淡，但随着社会的发展，它也在悄悄地变化，缓缓地注入着现代色彩。不管怎么样，它依然给古老的小镇带来了很多快乐与希望。

（十八）古镇民居

同里楼宇密集，老房子很多，至今保存完好的深宅大院有40余处。这些老房子大多保持了明清时代的建筑风格，显得

同里民居房山雕刻

古朴而典雅。它们大都临水而筑，充满了江南水乡古老文化的气息。再加上那些砖雕门楼、临水的石阶、伸向水面的小阁楼等，犹如一件件古老的艺术品，历经江南烟雨的洗涤，愈显其清秀雅致，依然魅力无穷。

砖雕是同里民宅的一大特色。一般分为绘画与书法两大类，其技法可分浮雕、深雕、透雕、堆雕等多种。现存砖雕大部分在旧宅和园林的门楼、照墙、脊梁等处，尤以大量的砖雕门楼为多。其中，以朱宅的五鹤门楼最具代表性，五只雄鹤侍立盘旋，飘逸中显露出一份优雅，此门楼堪称江南砖雕艺术之精品。

同里清幽而古朴的民居是同里一道亮丽的风景线，它散落于古镇的大街小巷，如同一颗颗珍珠，向人们展示着古镇灿烂的昨天与今天。

（十九）影视基地

同里镇拥有得天独厚的水乡风貌，又保存了大量完整的明清古建筑。10余年来，不仅吸引了诸多海内外的游客，也吸引了大批的影视剧组。其不仅吸引了国内的影视剧组，海外剧组对其也是青睐有加。迄今为止，在同里进行过拍摄的海内外剧组有近60家。

六 传说

太湖风光

（一）同里名称由来的典故

据清嘉庆年间《同里志》记载，同里"唐初名铜，宋改为同。旧名富土，以其名太侈，乃析田加土为同里"。而在民间，另有一个关于"富土"改名的传说。

相传很久以前，为躲避战乱和灾荒，很多人背井离乡来到偏僻的江南小镇，垦荒种地。辛勤劳作加上风调雨顺，使得人们衣食富足，安居乐业。于是将这里命名为"富土"。谁知，隋炀帝继位后，因其骄奢淫逸，致使国库日渐亏空。有一年北旱南涝，许多地方粮食歉收，"皇粮"没了着落。于是，皇帝下旨：江南富土每人

增缴三斗粮，限 10 天缴清，违者重罚。

富土百姓为此焦急万分，便请教镇上有名的金秀才。秀才想出了一个"一升"的主意，并做好安排。

转眼限期已到，催粮官来到富土。金秀才率众乡亲跪地迎候。催粮官便问增缴皇粮之事，金秀才从容答道："今年受灾，收成大减，难以为缴。"催粮官大怒："休得胡言！'富土'乃富有之地，焉能无粮？若不如数上缴，定要依旨重罚。"

金秀才不卑不亢，解释说："此地原叫'同里'，并非'富土'，请大人明察。"催粮官听后迷惑不解，顺着街面巡视了一

灵璧石

大圈，见到的店铺招牌都是"同里"，而非"富土"，只好无功而返。

原来金秀才的法宝就是，教众乡亲用拆字法，将富土两字重叠，摘去"富"字头上的一点，拆田连土，便成为"同里"二字，利用文字的书写习惯躲过了这一劫。这就是"一点高升，富土变同里"。于是，此名一直沿用至今。

（二）灵璧石的传说

任兰生落职归乡，第一件事就是大兴土木、建造退思园。

在挖建荷花池时，偶然发现池边有个

直径一米的洞，从里面还发出"呼呼"之声。工人们感到害怕，不敢再挖。任兰生于是叫一些胆大的人守在池边。到了晚上，谁知从洞内爬出的是一只硕大的乌龟。乌龟刚爬出，就见大批金银财宝混在水中也从洞内"哗哗"涌出。此事太过离奇。第二天，任兰生请来了刘道长准备作法。刘道长一进工地，就大呼："宝地也，宝地也！"任兰生问其故，道长答："此乃神龟，池有神龟，大富大贵，大人喜也！"任兰生一听，喜上心头，就赏了刘道士，神龟也就留在了池里。

两年后，园林峻工。一天，任兰生偕夫人游园，突然发现神龟已经气绝身亡。

灵璧石

这下可急坏了他，于是连夜派人去请道长。刘道长一到门口就说："大事不妙，全家人命不久矣！"任兰生忙问："可有化解之法？"刘道长说："有是有，只怕任老爷你办不到。"任兰生道："道长请说，若能救得全家性命，任某永世难忘道长恩情。"刘道长掐指一算，说："你必须找到一状似神龟、集天地灵气之石，把它置于园中，方可保全家平安。"

任兰生突然记起在安徽任上，曾听说灵璧县所产之石就集天地灵气于一身。于是，他带着仆从，策马来到灵璧县。在山上寻觅半月有余，无果。恰在此时，家中飞鸽传书，告知夫人病重，任兰生难过至

无锡太湖

极，心灰意冷，于是打道回府。路上，突然一声巨响，一块状似神龟的灵璧石跳了出来，正对着月亮，散发着金光。任兰生兴奋至极，把它带回退思园，安放在荷花池边，取名"金龟望月"，他夫人的重病也不药而愈。

现在，这块灵璧石立在退思园已百余年，成为退思园的镇园之宝。

（三）崇本堂西厢记

清代末期，同里镇上出了个才华横溢、风流倜傥的沈秀才。

有一天，沈秀才到罗星洲去游玩，恰与前往进香的钱家小姐春花一见钟情。碍

同里崇本堂第三进砖雕门额

于封建礼教，两人不便私会，饱受相思之苦。几天过后，沈秀才实在控制不住对春花的思慕，就乘着月色翻过围墙，进入钱家花园。正巧，钱小姐正在花园里赏月，两人相见，促膝谈心，好不融洽，只道"相见恨晚"，于是私订终身。

第二天，沈秀才托媒至钱家提亲。可钱老爷不允，说若是要娶他女儿，必须满足两个条件：一是门当户对，要有钱财；二是春花是钱家的独生女儿，女婿需入赘，改钱姓。沈秀才没办法，只好离开。

三年后，有个年轻富有的钱姓米商，派人到钱家提亲。钱老爷听说此人生意做得很大，且与自己同姓，便满口答应下来。

钱小姐十分气愤，既气父亲嫌贫爱富，又气沈秀才无情，三年来音讯全无，但又无可奈何。待到拜堂，钱小姐惊喜万分，原来新郎官正是当年的沈秀才。

后来，钱家翻建住宅，取名崇本堂。沈秀才命人把《西厢记》的故事刻在崇本堂正厅的木窗上，以纪念当年与钱小姐相会的往事。

（四）珍珠塔的传说

这是同里流行已久的一段千年爱情佳话。主人公是陈翠娥与方卿（子文）。

明嘉靖年间，南京道监察御史陈王道做官清正，为人正直，但其妻方氏却势利无比。陈御史有一女名唤翠娥，生得如花似玉，最难得的是，翠娥与其母性格大相径庭，知书达理、端庄贤慧。方卿（子文）是陈夫人方氏之侄，家中数代为高官，因其父被参，家境没落。

正当陈御史的五十大寿，合家内外喜庆无比，各路达官贵人纷纷前来祝寿。正在热闹之际，家道中落的方卿奉母亲之命，来叩见姑父、姑母，为求借银两以度日，以便能静下心来求取功名。谁知，姑母见其落魄，感觉失了体面，于是在兰云堂将亲侄儿方卿狠狠地刁难羞辱了一番，并令丫鬟将其逐出后花园。方卿气愤之余立下誓言"不当官绝不再踏入

珍珠塔园一景

珍珠塔园一景

陈府"。

陈翠娥小姐从贴身、丫鬟采萍处听到
这个消息，为表弟方卿深感不平，于是以
赠点心为名，将祖传之宝"珍珠塔"藏于
食盒内。追至后花园，交予表弟手中，并
未告知食盒之中有"珍珠塔"。方卿被表
姐的诚意所打动，收下食盒。

陈御史知道方氏的行为后，狠狠数落
了方氏，将兰云堂大门紧闭，并说"如
要大门开，要等方卿来"，然后骑马赶
至九松亭，追上方卿，力劝其回。方卿
执意离开。御史惜他有志，于是将翠娥
许配于他。

同里停泊的船只

三年后，方卿高中状元，圣上委任为八府巡按。他乔装改扮成道童，前往陈府。在兰云堂内，方卿借唱道情之名将其姑母数落一番。最后官轿驾到，方卿重整衣冠，拜见了姑父姑母，与翠娥小姐喜结良缘，有情人终成眷属。

（五）罗星洲传奇

罗星洲，俗称"芦干墩"，位于同里湖中，形似罗星，景色优美，如同仙境一般。

很久以前，罗星洲上已建有寺庙，庙前立有一石碑，由名匠雕凿，上刻"罗星洲"，乃镇庙之物。有一年，因为战乱，罗星洲被付之一炬，镇庙石碑也不知去向。

时光流逝，60年后的一个早晨，雾气朦胧，一位渔民在罗星洲附近撒网捕鱼，可怎么拉也拉不起来。他正想松手，突然跳出来许多鲤鱼。渔民以为网中有大鱼，就叫家人一起拉网，拉起来看是一块石头。渔民垂头丧气，正想把它扔回湖里时，发现石头上有"罗星洲"字样，请人鉴定后，发现正是那块失踪60年的镇庙石碑。镇庙石碑重见天日，古镇百姓奔走相告。"六十年风水轮流转"，这也许是佛家之真理吧。

就在这一年，同里人重修罗星洲，在修建过程中，出现了三桩奇事。一是在建

同里古镇招牌

造大雄宝殿正梁时，正值清明时节，阴雨连绵的天空突然放晴。架好正梁后，又下起了雨来，并有许多燕子在空中盘旋，蔚为壮观。二是观音殿开光那天，人声鼎沸，连湖中的红鲤鱼也欢腾起来，跃出水面。三是荷花池中的陈年莲子竟然长出新荷，荷花绽放，分外妖娆。所有这一切，似乎都在庆贺罗星洲的新生。

（六）南园茶社的由来

南园茶社原名福安茶馆，建于清末。"南园茶社"的更名跟清末民初同里的大名人陈去病有很大关系。

"南社"是辛亥革命时期苏州一个很有影响力的进步文学团体，由陈去病、柳亚子等人发起，于1909年11月在虎丘"冷香阁"成立。社名取"南社"，意在以"反抗北庭"为宗旨。"南社"在推行民主革命、反对专制统治方面，起过积极作用。茶社与陈去病居所隔河相望，它北面临街，东面和南面临河，古朴中透着清幽与雅致，因这独特的环境，茶社成了宣传革命思想的理想场所。

1930年，陈去病返回家乡同里颐养天年，也曾多次来到这家茶社品茶，回味过去，感觉格外亲切。久了，茶社老板也与陈去病、柳亚子等人结下不解之缘，成了好朋友。在一次闲谈中，陈去病向老板提议把福安茶社更名为"南园茶社"，老板

同里茶铺

同里茶艺

连忙点头应允。

因此，福安茶社的名字变成了"南园茶社"。为了纪念陈去病和柳亚子这两位革命志士，茶社还刻意为他们塑了两尊蜡像，安坐在茶社二楼，栩栩如生，独成一道风景。